Alta traición
Antología poética

Sección: Literatura

José Emilio Pacheco:
Alta traición
Antología poética

Selección y prólogo de
José María Guelbenzu

El Libro de Bolsillo
Alianza Editorial
Madrid

© José Emilio Pacheco
© de la selección y el prólogo: José María Guelbenzu
© Alianza Editorial, S. A., Madrid, 1985
  Calle Milán, 38; ☎ 200 00 45
  ISBN: 84-206-0065-2
  Depósito legal: M. 41.523-1984
  Papel fabricado por Sniace, S. A.
  Compuesto en Fernández Ciudad, S. A.
  Impreso en Closas-Orcoyen, S. L. Polígono Igarsa
  Paracuellos del Jarama (Madrid)
  Printed in Spain

I.   La lucidez, que se asemeja a menudo a un estado de gracia, no es una concesión, un don. Y, sin embargo, ese estado de gracia es, sin duda, un estigma: permite desear lo inalcanzable, permite vislumbrar lo que sólo el deseo redobla, permite levantar utopías que se derrumban estrepitosamente sobre nosotros. Estigma y Corona, pues. ¿Una dualidad? ¿Mal y Bien? ¿Risa y llanto? Pero su atractivo reside en que jamás admite el maniqueísmo, pues entonces ya no es. La lucidez, probablemente, ha sido la madre de todas las dudas que han hecho al hombre occidental. Lo insondable de su presencia, lo insufrible y jubiloso, lo finalmente panteísta, es su estirpe poética; pues cuando la poesía la interroga se hace carne con ella de tal modo que parece una cópula entre la belleza y la locura, cuyo resultado, cuanto más intenso, más indeleblemente queda grabado en la memoria. ¿Y qué es esta marca, de nuevo: Corona, Estigma? Como dice José Emilio Pacheco:

> *Desenlace.*
> *Otra vez desenlace y recomienzo.*

José Emilio Pacheco es un poeta fortísimamente lúcido; a
veces parece un atrapado por esa fuerza que tan sólo cuenta
con su destreza para tomarse un respiro; en otras ocasiones,
su audacia es capaz de llevarle a las puertas de Troya; pero
bajo estos envites late una suerte de angustia que el poeta
revela como emblema: la luz, el viento, el fuego, el tiempo...
y, como tales, en el transcurso de la batalla nos guían, nos
muestran sus movimientos, sabemos entender así, con tal
lenguaje, el desarrollo y la estrategia del combate. Contra sus
temores, tan cuidadosamente manifestados, de no ser sino una
suma de instantes irrepetibles y clausurados por el olvido,
es, aunque le disguste saberlo, el Señor de la batalla; y nosotros conocemos sus banderas.

Los poemas de este señor, que se lamenta desconocido
—pero quevedesco, pacheco, mexicano— son, en mi modesta,
más no por ello menos fundada opinión, uno de los notables
y bien trabados cuerpos poéticos con que nos obsequia la
literatura en lengua castellana de esta segunda mitad del siglo.
Lo cual, con parecer altisonante, es simplemente preciso, como
se sugerirá en breve a lo largo de este breve prólogo.

La poesía mexicana contemporánea es firmemente desconocida en España. Los nombres de Tablada, López Velarde,
Gorostiza, Villaurrutia, Pellicer, Novo y Owen *, por ejemplo, un sexteto de oro, son sólo familiares a unas cuantas
personas extravagantes que tienen costumbres tan singulares
como recomponer, adecentar y mejorar su castellano con el
castellano —pongo por caso, y muy alto— de un Alfonso Re-
yes. A esta clase de sujetos les sucede con la poesía mexicana
lo que a un ciudadano inteligente y honesto con la lucidez:
que no hay manera de librarse de ella cuando a uno le engan-
cha; porque, además, es tan graciosa, tan esbelta, tan entera,
tan sugerente y tan subyugante que se la continúa frecuentan-
do con verdadero ardor a pesar de que comúnmente nos preci-

---

* Ya sé que la mayoría de los lectores han supuesto que ol-
vidé a O. Paz. No es así, sino que, sencillamente, su insólita popu-
laridad me hubiera estropeado esta cabalgada.

pita (la lucidez, señores, no la poesía mexicana) de continuo
por despeñaderos que hubieran hecho temblar a hombres
cien veces más curtidos que estos desdichados caballeros. De
modo que si tal asunto (el de la poesía mexicana, no el de
la lucidez) no les conmueve a muchos, ¿cómo iban a hacerlo
los nombres posteriores de un Gabriel Zaid o —ya que estamos en ello— un José Emilio Pacheco? Este último, con su
lucidez habitual, lo ha asumido en forma poética:

> *¿Cómo explicarle que jamás he dado*
> *una entrevista,*
> *que mi ambición es ser leído y no «célebre»,*
> *que me importa el texto y no el autor del texto,*
> *que descreo del circo literario?*

II.   Lo primero que un europeo debe tener en cuenta al
pensar en México —como en buena parte de Latinoamérica—
es la relación tan intolerable como rotunda entre miseria y
opulencia; no hablo de pobreza, riqueza y sus gradaciones
intermedias, no: me refiero a dos términos tan contundentes
como excluyentes, y que allí son capaces de convivir en un
metro cuadrado de terreno del Paseo de la Reforma, por
ejemplo. Es decir: hablo de una pesadilla, no de un mal
sueño. De modo que para una enorme cantidad de gente el
dilema no es comer sentado o comer de rodillas: el dilema es
comer, y si uno lo consigue de rodillas y, además, cada día,
puede decirse que ha cumplido con su misión más elevada
en esta tierra (ya quisiera poder añadir que esto último es
sólo un sarcasmo, un mero juego de palabras).
Si el lector, en ese monstruo inimaginable de irracionalidad
y hacinamiento que es el Distrito Federal de México, acude
a una casita de dos plantas en un barrio del tiempo de Láza-
ro Cárdenas, atiborrada de libros y con un patio interior que
semeja un diminuto paraíso vegetal, encontrará a un poeta
entre baudeleriano y quevedesco a quien pertenecen estos
versos:

> *—Y recuérdalo bien : hay otros temas*
> *¿Por qué obstinarse*
> *en la fugacidad y el sufrimiento?—*
> *me dijo Prometeo.*
> *Sus cadenas*
> *resonaron de nuevo cuando el buitre*
> *reanudó su tarea entrañable.*

No repito sino lo que han dicho otros si afirmo que el tiempo es el gran motivo poético de José Emilio Pacheco. Ahora bien, es un tiempo en el que la violentísima contraposición conyugal entre fugacidad y sufrimiento se convierte, paradójicamente, en inmovilidad. Y aun esto, a mi modo de ver, no es sino la cáscara que recubre el huevo, pues los poemas de José Emilio no son pesares y lamentos; acaso éstos los induzcan, pero la mano maestra que los conforma es la audacia, y no conozco audaz que llore mientras está en acción; si acaso, en la derrota, pero su llanto tiene entonces tanto significado como la sangre que en nuestras venas y arterias nos alienta. Su lamento muestra así la grandeza de aquel verso de César Vallejo, fúlgido como una esmeralda:

Ese no puede ser, sido.

El tiempo es, para Pacheco, el reconocimiento de la derrota más vieja del mundo; no la derrota individual —que también lo es—, sino la que, colectiva (lo insoportable del sufrimiento para quien no es milenarista, sino hombre de recta razón), se nos inflige individualmente a través de la lucidez, ésa —parafraseando uno de sus poemas— «perra infecta, sarnosa lucidez / risible variedad de la neurosis / precio que algunos pagan / por no saber vivir. / La dulce, eterna, luminosa lucidez».

Pues bien, la aparente digresión acerca de la miseria y la opulencia —que se entrama con la ciega incomprensión del Occidente y España ante el indigenismo— ocupa ahora su

lugar; el desgarro que hay en la expresión poética de Pacheco
—urdida con una distancia que no es, ni de lejos, conten-
ción— se cumple prometeicamente. Un espíritu digno de la
mejor tradición de la cultura occidental vive, medita en y
pertenece a lo que para esta tradición es su revés y su inframundo. La violencia que tal situación ejerce sobre sí misma
y, en el caso del artista, sobre quien la habita, no sería, sin
embargo, sujeto de perfección estética —ni siquiera soporta-
ble— de no mediar en ellas los tamices y paternidades tan
arrogantes como tiernas y agónicas de hombres de la estirpe
de un Goya o de un Quevedo, a quienes José Emilio Pacheco
ha debido conocer hasta embeberse.

> No quedará el trabajo ni la pena
> de creer y de amar. El tiempo abierto,
> semejante a los mares y al desierto,
>
> ha de borrar de la confusa arena
> todo lo que me salva o encadena.
> Mas si alguien vive yo estaré despierto.

III. En su poema *Alta Traición* —que da título a esta
antología— el poeta no vacila en contraponer lucidez y senti-
miento para dibujar sugerentemente una fundación poética:

> No amo mi patria.
> Su fulgor abstracto
>   es inasible.
> Pero (aunque suene mal)
>   daría la vida
> por diez lugares suyos,
>   cierta gente,
> puertos, bosques de pinos,
>   fortalezas,
> una ciudad deshecha,
>   gris, monstruosa,

Varias figuras de su historia,
montañas
—y tres o cuatro ríos.

José Emilio Pacheco, mexicano inevitablemente inseminado por esa cultura del Occidente en la que la curiosidad en modo alguno se despega de la audacia, no cesa, tras su aparente pesimismo —y si él lo cree real en su persona, yo sólo me atengo a su obra literaria—, de establecer señales que, para su uso, acuerdan sabiduría con sentido de la vida; de ahí el valor de los emblemas a los que se atiene cuando escribe, y que, curiosamente, tienen el nombre de los elementos que rodean al hombre, naturales y grávidos: el polvo, la lluvia, la tierra, la luz, la piedra, el fuego…, sobre los que planean constantemente, o los atraviesan en otras ocasiones, la muerte y el tiempo.

Permítanme unas cuantas citas, todas seguidas, sin comentario alguno; así: «Ahora te nombro, incendio, y en tu hoguera / me reconozco: vi en tu llamarada / lo destruido y lo remoto»; y «el tiempo nace / de alguna eternidad que se deshiela»; y «La luz: la piel del mundo»; y «Árboles desgarrados / Testimonio de la inutilidad de haber vivido»; y «Estamos por vez última / en dondequiera»; y .En aquel año escribí diez poemas / Diez *diferentes formas de fracaso*»; y «Vamos a ciegas en la oscuridad / Caminamos a oscuras / en el fuego; y «La honda tierra es / la suma de los muertos»; y «Como cae la lluvia sobre el mar / al ritmo en que sin pausa se desploma / así vamos fluyendo hacia la muerte»; y «Digo instante / y en la primera sílaba el instante / se hunde en el no volver»; y «Aunque renazca el sol / los días no vuelven»; y «Ara en el mar / escribe sobre el agua»; y «En esta cueva ni siquiera vive la muerte»; y «Mi única tierra / es una calle ajena / de hojas aún verdes / que el otoño entrega / al hondo invierno / y a su helada lumbre»; y «Ni el agua en su destierro / sucederá a la fuente / ni los huesos del águila / volverán por sus alas»; y —basta ya— «El polvo /

que nos mancha la cara / es el vestigio / de un incesante crimen».

En el fondo, yo creo que los grandes poetas se definen, ante todo, por ser unos canallas seductores, unos tramposos casi geniales. No me disgusta la imagen del poeta semejante al prestidigitador; pero mientras este último cuenta tan sólo con su admirable conocimiento del público y del arte del escamoteo, el poeta, cada vez que anuncia su número, y si lo es de veras, posee la incapacidad —paradójica— de simular. Donde el prestidigitador asombra, el poeta hiere; donde el prestidigitador divierte, el poeta acosa; los trucos de ambos son el único nexo común. La negrura y la desesperanza de José Emilio Pacheco pertenecen al frecuentador de Erebo, pero, con el descaro propio de un hijo del siglo veinte, está bajando a y subiendo de los infiernos continuamente; pretende codearse con Hades y con Zeus; a veces se cruza, como bandido de la noche, con Hermes el astuto, cuyo encuentro no eximirá el conocimiento de su destino prometeico. José Emilio Pacheco no ha de ser especialmente grato a Demeter; él es un apolíneo que, viendo el destrozo que en su hogar y en su tierra se ha hecho, canta el horror real y la esperanza heroica. La casa y el huerto están deshechos y sepultados bajo las ciudades, mas sabe que al cantor sólo lo callará la muerte, y aun los dioses antiguos respetan ese canto, pues, como la vida, se encuentra en ellos.

IV. El poeta, al fin, y pese a su destino trágico, tiene dos caras o, dicho de otro modo, no contrapone corona y estigma, sino que porta en su frente la duda sobre cuál de los dos —si es que hay cuál— prevalece y lo distingue. La señal que Yahvé hizo sobre Caín, ¿fue estigma o fue en realidad corona?; hasta cierto punto, sospecho que la lucidez del poeta es cainita, si nos complacemos en la analogía. José Emilio Pacheco interroga, toma por testigos, adula o exige a los símbolo de la naturaleza (viento, lluvia, fuego, luz...) para, sumido en un abismo del que hace creer a menudo que no

logrará salir y cuya desdicha es cruel, leal y legítima, traerlos
por emblemas que señalan sus noticias poéticas del mundo
y del inframundo.

No deja de ser curiosa la capacidad que este poeta tortu-
rado por el paso del tiempo tiene de expresar los *gestos* de la
vida y de *fijar* el instante fugaz tan admirablemente. El, que
confiesa *el poderío / del instante perpetuo y desterrado,* nos
ofrece con tal maestría sus jirones —que en muchos casos
son verdaderas instantáneas— que finalmente pone a su servi-
cio y al de la colectividad una lectura tan aproximativa como
inestable de sugerencias que sólo vienen a pertenecer al lector
de sus poemas, pero que, al pertenecerle, le nombran y, con
sus nombres y apellidos, extienden sus versos como patrimo-
nio común: tal es el sendero que la lucidez emplea para
transitar en este mundo por medio de la literatura. Entonces
es la lucidez como solidaridad, el lirismo como forma de
inteligencia y la sabiduría como sentido del tiempo lo que,
diosa triple cuyo poder no se impone de lo alto, sino que
emerge desde la tierra, se muestra en el siempre cambiante
transcurrir de las aguas. Pero no es ésta una suerte de visión
panteísta que, como creeen los monoteístas y los ignorantes,
se entrega sin condiciones ni señas de identidad, pues ya dije
antes que José Emilio Pacheco pertenece al talante de los
apolíneos y, como a él entre los poetas,

> *Entre los nadadores distinguimos*
> *a Heráclito el oscuro*
> *que hizo una señal de despedida*

V. No sé si estas consideraciones generales pueden des-
orientar suficientemente al lector que se disponga a conocer
los poemas de José Emilio Pacheco. Puesto que la lectura
es suya, no se me ha ocurrido mejor manera de introducirle
en ella que evitar cualquier camino concreto: para eso ya
están los mapas de carreteras. Sólo quisiera señalar, por dar
fin a esta introducción, el criterio de mi antología.

He prescindido de toda la poesía en prosa y de las más que admirables traducciones y recreaciones de otros poetas, así como de sus dos heterónimos. O, dicho de otra manera: dada la brevedad del espacio disponible, me pareció más oportuno desprenderme de bloques completos dentro de su obra que, tratando de espigar en todas las variantes y modos, establecer muestras exageradamente insuficientes.

El afortunado lector encontrará aquí una selección de poemas sueltos, excepto en dos casos. En *El reposo del fuego*, libro que se divide en tres secciones, por su especial característica unitaria me vi obligado a elegir —completa— una de las tres (aunque he hecho dos pequeñas trampas). Por lo que respecta a su último libro publicado como tal —*Desde entonces*— una de sus secciones *(Jardín de niños)* la doy completa, porque su unidad y belleza no son antologizables.

Y puesto que tanto prólogo como poemas están sembrados de duda, ¿por qué no cerrar aquél con una final? Hela aquí: ¿Me permitirá el poeta dedicar esta colección de unos cuantos de *sus* versos a Cristina Pacheco?

JOSÉ MARÍA GUELBENZU, 1982.

De *Los elementos de la noche* (1958-1962)

Arbol entre dos muros

Sitiado entre dos noches
el día alza su espada de claridad:
mar de luz que se levanta afilándose,
selva que aísla del reloj al minuto.

Mientras avanza el día se devora.
Y cuando toca la frontera en llamas
empieza a calcinarse. De tu nombre
brotan la luna y su radiante armada,
islas que surgen para destruirse.

Es medianoche a la mitad del siglo.
Resuena el huracán, el viento en fuga.
Todo nos interroga y recrimina.
Pero nada responde.
Nada persiste contra el fluir del día.

Al centro de la noche todo acaba
y todo recomienza.
En la savia profunda flota el árbol.
Atrás el tiempo lucha contra el cielo.
El fuego se arrodilla a beber rescoldos.
La única luz es la que da el relámpago.
Y tú eres la arboleda
en que el trueno sepulta su rezongo.

Casida

Alrededor del alba
despiertan las campanas.
Sonoro temporal
que se difunde y vibra
en las últimas bóvedas
de la noche, en el aire
que la luz reconquista.

Vuelan como palomas los instantes
y otra vez cae el silencio.

La enredadera

Verde o azul, fruto del muro, crece.
Divide cielo y tierra. Con los años
se va haciendo más rígida, más verde.
Costumbre de la piedra, cuerpo ávido
de entrelazadas puntas que se tocan.
Llevan la misma savia, son una breve planta
pero forman un bosque. Son los años
que se anudan y rompen. Son los días
del color del incendio. Son el viento

que a través del otoño apaga el mundo.
Son las vivas raíces de la muerte,
la sombra hecha de luz: la enredadera.

Egloga octava

Lento muere el verano
y suspende el silencio con sus ruidos.
El otoño cercano
penetra en los erguidos
árboles por la muerte merecidos.

La luz nos atraviesa.
Se detiene en tu cuerpo y lo decora.
Tal fuego que te besa,
consumida en la hora,
ya se incendia la tarde asoladora.

Sólo hay este presente.
No existen el mañana ni el pasado.
Pero seguramente
no estaré ya a tu lado
en otro tiempo que nació arrasado.

En estas soledades
se han unido el desierto y la pradera.
Y la dicha que invades
ya no te recupera
y durará lo que la noche quiera.

Creciste en la memoria
hecha de otras imágenes, mentida.
Y no habrá más historia
para ocupar la vida
que tu huella sin sombra ni medida.

Inútil el lamento,
inútil la esperanza, el desterrado
sollozar de este viento:
te ha poblado
el transcurrir de todo lo acabado.

Esperemos ahora
la claridad que apenas se desliza.
Nos encuentra la aurora
en la tierra cobriza
faltos de amor y llenos de ceniza.

No volveremos nunca
a tener en las manos el instante.
Porque la noche trunca
hará que se quebrante
la pasión, y sigamos adelante.

El oscuro reflejo
del ayer que zozobra en tu mirada
es el oblicuo espejo
que bifurca la nada
de esta reunión de sombras condenada.

La llama que calcina
a mitad del desierto se ha encendido.
Y se alzará su ruina
en este dolorido
y silencioso estruendo del olvido.

El mundo se apodera
de lo que es nuestro y suyo, y el vacío
nos recubre y vulnera.
Como el río
que humedece tus labios, amor mío.

De *El reposo del fuego* (1963-1964)

2 (Don de Heráclito)

Porque el agua recorre los cristales
musgosamente:
ignora que se altera,
lejos del sueño, todo lo existente.

El reposo del fuego es tomar forma
con su pleno poder de transformarse.
Fuego del aire y soledad del fuego
al incendiar el aire que es de fuego.
Fuego es el mundo que se extingue y prende
para durar (fue siempre) eternamente.

Todo lo ayer disperso hoy se reúne.
Todo lo unido se ha apartado ahora.

Soy y no soy aquel que te ha esperado
en el parque desierto una mañana

25

junto al río irrepetible en donde entraba
(y no lo hará jamás, nunca dos veces)
la luz de octubre rota en la espesura.

Y fue el olor del mar: una paloma
como un arco de sal
ardió en el aire.

No estabas, no estarás
pero el oleaje
de una espuma remota se apagaba
sobre mis actos y entre mis palabras
(únicas mías porque son ajenas):

El mar que es agua pura ante los peces
jamás ha de saciar la sed humana.

3

Alzar los ojos: ver el muro en torno.
Disipar las tinieblas, acercarse
al fondo de esta noche
en donde el alba
y su tropel
esperan que amanezca.

4

Si se extiende la luz
toma la forma
de lo que está inventando la mirada.

5

Vuelven mundos a hendirse. Y de milagro
cruza rampante un astro en pie de guerra

hasta encajarse náufrago en la hierba,
deshecha su materia voladora.
Como si el rayo halcón
que vence al aire
de la estrella fugaz se apoderase:
la caricia que siente el enterrado
cuando el suelo mortal lo desfigura.

(*In memorian Luis Cernuda. Noviembre de 1963.*)

6

Acida incertidumbre que devora
los confines del aire
mientras guardo
—con avidez de urna— tu memoria.
Y es noviembre en el aire hoja quemada
de un árbol que no está
mas permanece
en el viejo sabor ya empalagoso
de la pena plural que se ha hecho mía.

7

Algo crece y se pierde a cada instante.
Algo intenta durar, algo remoto:
la forma sustantiva en que la arena
dibuja la inscripción de su agonía
(porque es la permanencia del oleaje
cuando el mar en desierto ha terminado).

8

Aquí desembarcaron, donde el río
al encontrarse con el mar lo lleva

tierra adentro, de nuevo hacia la fuente,
el estuario secreto en las montañas.
Aquí desembarcaron. En mil años
nada cambió en la tierra. Y no hay vestigio
de lo que fue este sitio hace mil años.

Mira en tu derredor: el mundo, ruina;
sangre y odio la historia. Nos procrearon
para el dolor, el hambre y el desastre
y la opresión y el llanto y el destierro.

Aquí desembarcaron... Si en mil años
nada cambió en la tierra, me pregunto:
¿nos iremos también sin hacer nada?

9

Nuestra moral, sus dogmas y certezas
se ahogaron en un vaso.
Y este mundo
resulta un pez que el aire ya envenena
en su salto de red, branquial susurro
de lo que muere al margen,
ya disuelto,
ya sin remedio en la brutal orilla.

10

A mitad de la tarde los objetos
imponen su misterio, se remansan,
nos miran fijamente, aún nos permiten
luchar porque no avancen ni se adueñen
de nuestro mundo endeble y nos conviertan
en inmóvil objeto.

11

Todo lo empaña el tiempo y da al olvido
Los ojos no resisten
tanta ferocidad.
La luz, la luz, su llama
incendia los perfiles de las cosas.
Y en medio tanta muerte, esos tus ojos,
ojos tuyos tristísimos que vieron
lo que nunca miré.
Todo lo empañan.
Todo es olvido y sombra y desenlace.

12

Pero ¿es acaso el mundo un don del fuego
o su propia materia ya cansada
de nunca terminar
le dio existencia?
Y en un cuarto, otro más,
alguien formula
la primera pregunta
y no hay respuesta:
¿Para qué estoy aquí, cuál culpa expío.
es un crimen vivir, el mundo es sólo
calabozo, hospital y matadero,
ciega irrisión que afrenta al paraíso?

13

O es el desnudo pulular del frío
o la voz invisible de la hormiga
atareada en morir bajo su carga.
Repta el viento y horada los caminos
subvegetales que anegó la asfixia

de cuál roedor en brusca madriguera.
¿Sabe el jardín que zonas del verano
engendran el otoño adormecido
por la savia esclerótica?

                     Y no es esto
lo que intento decir.

                Es otra cosa.

14

Porque he extraviado aquí todas las claves
para salvar al mundo y ya no puedo
consolar, consolarte, consolarme.
Tierra, tierra, ¿por qué no te conmueves?
Ten compasión de todos los que viven.
Haz que nadie mañana —algún mañana—
tenga razón de repetir conmigo
las palabras de hoy

                  que me avergüenzan.

15

Rumor sobre rumor. Quebrantamiento
de épocas e imperios.

Desenlace.

Otra vez desenlace y recomienzo.

De la tercera parte

14 *(Las palabras de Buda)*

Todo el mundo está en llamas:
lo visible

        arde

y el ojo en llamas lo interroga.
Arde el fuego del odio.
Arde la usura.
Arde el dolor.
La pesadumbre es llama.
Y es hoguera la angustia
en donde arden
                        todas las cosas.
Llama.
        Arden las llamas,
mundo y fuego.
                        Mira
la hoja al viento,
                        tan triste
de la hoguera.

15

Es hoguera el poema
                        y no perdura.
Hoja al viento
                a su vez.
También tristísima.
Inmóvil ya,
                desierta.
Hasta que el fuego
renazca en su interior.
Cada poema
                epitafio del fuego,
cárcel,
        llama,
hasta caer en el silencio en llamas.
Hoja al viento
                tristísima
                        la hoguera.

De *No me preguntes cómo pasa
el tiempo* (1964-1968)

Alta traición

No amo mi patria.
Su fulgor abstracto
    es inasible.
Pero (aunque suene mal)
    daría la vida
por diez lugares suyos,
    cierta gente,
puertos, bosques de pinos,
    fortalezas,
una ciudad deshecha,
    gris, monstruosa,
varias figuras de su historia,
    montañas
—y tres o cuatro ríos.

Aceleración de la historia

Escribo unas palabras
                              y al minuto
ya dicen otra cosa
                    significan
una intención distinta
                          son ya dóciles
al Carbono 14
              Criptogramas
de un pueblo remotísimo
                              que busca
la escritura en tinieblas

Crítica de la poesía

He aquí la lluvia idéntica y su airada maleza.
La sal, el mar deshecho...
Se borra lo anterior, se escribe luego:
Este convexo mar, sus migratorias
y arraigadas costumbres
ya sirvió alguna vez para hacer mil poemas.

(La perra infecta, la sarnosa poesía,
risible variedad de la neurosis,
precio que algunos pagan
por no saber vivir.
La dulce eterna luminosa poesía.)

Quizá no es tiempo ahora:
nuestra época
nos dejó hablando solos.

Declaración de Varadero

(En el centenario de Rubén Darío. 1967.)

En su principio está su fin. Y vuelve a Nicaragua
para encontrar la fuerza de la muerte.
Relámpago entre dos oscuridades, leve piedra
que regresa a la honda.

Cierra los ojos para verse muerto.
Comienza entonces la otra muerte, el agrio
talar las selvas de papel, torcerle el cuello
al cisne viejo como la elocuencia,
incendiar los castillos de hojarasca,
la tramoya retórica, el vestuario
de aquel desván llamado «modernismo».
Fue la hora
de escupir en las tumbas.

Las aguas siempre se remansan.
La operación agrícola supone
mil remotas creencias, ritos, magias.
Removida la tierra
pueden medrar en ella otros cultivos.
Las palabras
son imanes del polvo.
Los ritmos amarillos caen del árbol.
La música deserta
del caracol
y en su interior la tempestad dormida
se vuelve sonsonete o armonía
municipal y espesa, tan gastada
como el vals de latón de los domingos.

Nosotros somos los efímeros.
Lo que se unió se unió para escindirse.

Sólo el árbol tocado por el rayo
guarda el poder del fuego en su madera
y la fricción libera esa energía.

Pasaron pues cien años:
ya podemos
perdonar a Darío.

No me preguntes cómo pasa el tiempo

En el polvo del mundo se pierden ya mis huellas;
me alejo sin cesar.
No me preguntes cómo pasa el tiempo.
   Li Kiu Ling traducido por Marcela de Juan.

A nuestra antigua casa llega el invierno
y cruzan por el aire las bandadas que emigran.
Luego renacerá la primavera,
revivirán las flores que sembraste.
Pero nosotros
ya nunca más veremos
ese dulce paraje que fue nuestro.

La experiencia vivida

Esas formas que veo al lado del mar
y engendran de inmediato
asociaciones metafóricas
¿son instrumentos de la inspiración
o de falaces citas literarias?

«Venus anadiomena» por Ingres

Voluptuosa Melancolía
en tu talle mórbido enrosca
el Placer su caligrafía
y la Muerte su garabato,
y en un clima de ala de mosca
la Lujuria toca a rebato.

Ramón López Velarde, *La última odalisca.*

No era preciso eternizarse, muchacha.
Ahora tu desnudez llega a este siglo
desde un amanecer interminable.
Tu cuerpo, invento de la luz,
hoy se diría
hondo rocío marítimo surgido
de las verdosidades más azules.

Eres continuamente la derrota
de la ceniza bíblica y la lúgubre
enseñanza de sal judeocristiana.

Ingres clausura el pudridero, la amarga
obligación de envejecer, porcina
aunque devotamente sollozando.
Y en el cuadro rehecho sin sosiego
tu perversa inocencia enciende siempre
la visión de tu carne perdurable,
opuesta a Valdés Leal, Goya, Quevedo.
Aparta con respeto la Ceniza,
la Castidad, el Quebranto, las Tinieblas
—rencorosas palabras donde gimen
nuestro procaz idioma y nuestras culpas—

para que el mar se hienda y el milagro,
la partición atónita del agua,
se repita en las playas concurridas
por *personas decentes.*

Digamos que Amsterdam, 1943

El agua vuelve al agua.
Qué inclemente
caer de lluvia sobre los canales
en la mañana inerme.
Y a lo lejos
un silbato de fábrica.
Entre sábanas, roto, envejeciendo,
está el periódico:
la guerra continúa, la violencia
incendia nuestros años.
Bajo tu cuerpo y en tu sueño duermes.
¿Qué será de nosotros?
¿Cuándo y dónde
segará nuestro amor
el tajo, el fuego?
Se escucha la respuesta:
están subiendo.
Me voy, no te despiertes:
los verdugos
han tocado a la puerta.

A Turner landscape

Hay demasiada primavera en el aire.
El excesivo fasto
augura la pobreza.
Nadie puede
guardar unos segundos del verano
para alumbrarse en el invierno.
(Ya oigo la impugnación de las hormigas.)

El campo de Inglaterra es un jardín ilimitado
Quién escandalizará a tanta inocencia

diciendo qué le espera:
en el otoño sequedad
y ventisca
en el invierno funerario.

Conversación romana (1967)

Oremos por las nuevas generaciones
abrumadas de tedios y decepciones;
con ellas en la noche nos hundiremos...
  Amado Nervo, *Oremus* (1898).

En Roma aquel poeta me decía:
—No sabes cuánto me entristece verte
escribir prosa efímera en periódicos.

Hay matorrales en el Foro. El viento
unge de polvo el polen.

Ante el gran sol de mármol Roma pasa
del ocre al amarillo,
el sepia, el bronce.

Algo se está quebrando en todas partes.
Se agrieta nuestra edad. Es el verano
y no se puede caminar por Roma.

Tanta grandeza avasallada. Cargan
los coches contra seres y ciudades.
Centurias y falanges y legiones,
proyectiles o féretros: chatarra,
ruinas en la ruindad de la basura,
desechos en las calles sin memoria:
plásticos y botellas y hojalata.
Círculo del consumo: la abundancia
se mide en el raudal de sus escombros.
(Pero hay hierbas, semillas en el mármol.)

Hace calor. Seguimos caminando.
No quiero responder ni preguntarme
si algo escrito hoy
dejará huellas
más profundas que un casco desechable
o una envoltura plástica arrojada
a las aguas del Tíber.

Acaso nuestros versos duren tanto
como el modelo Ford 69
—y muchísimo menos que el Volkswagen.

Preguntas sobre los cerdos e imprecaciones de los mismos

¿Existe otro animal que nos dé tanto?
   Jovellanos.

¿Por qué todos sus nombres son injurias?:
Puerco marrano cerdo cochino chancho.
Viven de la inmundicia, comen, tragan
(porque serán comidos y tragados.)

De bruces y de hinojos roe el desprecio
por su aspecto risible, su lujuria,
sus temores de obsceno propietario.

Nadie llora al morir más lastimero,
interminablemente repitiendo:
—Y pensar que para esto me cebaron.
Qué marranos, qué cerdos, qué cochinos.

Mosquitos

Nacen en los pantanos del insomnio.
Son negrura viscosa que aletea.
Diminutos vampiros. Sublibélulas.
Pegasitos de pica del demonio.

Escorpiones

El escorpión atrae a su pareja
y aferrados de las pinzas se observan
durante un hosco día o una noche
anterior a su triste cópula. Termina
el encuentro nupcial:
sucumbe el macho
y es devorado por la hembra
—la cual (dijo el Predicador)
es más amarga que la muerte.

De *Irás y no volverás* (1969-1972)

José Luis Cuevas hace un autorretrato

Aquí me miro ajeno. Me desdoblo
para mirarme como miro a otro.
Lentamente mis ojos desde dentro
miran con otros ojos la mirada
que se traduce en líneas y en espacios.

Mi desolado tema es ver qué hace la vida
con la materia humana. Cómo el tiempo
que es invisible va encarnando espeso
cómo escribe su historia inapelable
en la página blanca que es el rostro.

El rostro toma
la forma de la vida que lo contiene
y su caligrafía son mis rasgos.

Si mi cara es ajena ¿son los otros
mi verdadera cara?
Los ojos que contemplo son los ojos
¿de quién: mi semejante o mi enemigo?

Al mirarme y pintarme soy de nuevo
el teatro de un combate interminable.
(No me pinto:
con mis manos me pinta la pintura.)

En este instante
yo soy la humanidad
y por mí pasa
toda su historia ciega
a contemplarme.

Describir su pasaje no es tan sólo
detener el momento sin retorno
pues cuando avanzo del pasado vuelvo
de un porvenir sin rostro
que hoy asume
el fluir de los rasgos de mi cara.

Fray Antonio de Guevara reflexiona mientras espera a Carlos V

Para quien busca la serenidad
y ve a todos los seres como iguales
malos tiempos son éstos
mal lugar es la corte.

Vamos de guerra en guerra.
Todo el oro
de Indias se consume en hacer daño.
La espada

incendia el Nuevo Mundo.
La cruz
sólo es pretexto para la codicia.
La fe
un torpe ardid para sembrar la infamia.

Europa entera
tiembla ante nuestro rey.
Yo mismo tiemblo
aunque sé que es un hombre
sin más mérito
que haber nacido en un palacio real
como pudo nacer en una choza
de la Temistitán ciudad arrasada
para que entre sus ruinas brille el sol
del Habsburgo insaciable.

En su embriaguez de adulación
no piensa
que su triunfo derrota a los imperios
y ningún reino alcanzará la dicha
basado en la miseria de otros pueblos.

Tras nuestra gloria bullen los gusanos.
Todo es lucro y maldad.
Pero no tengo
fuerza o poder para cambiar el mundo.

Escribo alegorías engañosas
contra la cruel conquista.
Muerdo ingrato
la mano poderosa que me alimenta.
Tiemblo a veces
de pensar en la hoguera.

No, no nací con vocación de héroe.
No ambiciono
sino la paz de todos
(que es la mía)
sino la libertad que me haga libre
cuando no quede un solo esclavo.

No esta corte,
no el imperio de sangre y fuego,
no este rumor de usura y soldadesca.

Stanley Park (Vancouver)

Por aquellos senderos caminamos.
        Los árboles
están allí desde hace miles de años.
        Monumentos
que el tiempo erige a la eternidad vulnerable.
        Nosotros
no volveremos nunca a contemplarlos.

Contra la Kodak

Cosa terrible es la fotografía.
Pensar que en estos objetos cuadrangulares
yace un instante de mil novecientos cincuenta y nueve.
Rostros que ya no son
aire que ya no existe.
Porque el tiempo se venga
de quienes rompen el orden natural deteniéndolo
las fotos se resquebrajan, amarillean.
No son la música del pasado.

No son el verso
sino el crujido
de nuestra irremediable cacofonía.

Antielegía

Mi único tema es lo que ya no está.
Y mi obsesión se llama lo perdido.
Mi punzante estribillo es nunca más.
Y sin embargo amo este cambio perpetuo,
este variar segundo tras segundo,
porque sin él lo que llamamos vida
sería de piedra.

Tarde otoñal en una vieja casa de campo

Alguien tose en el cuarto contiguo.
Un llanto quedo,
conversaciones en voz baja.

Me acerco sigilosamente
y abro la puerta.

Como temí, como sabía,
no hay nadie.

¿Qué habrán pensado al oírme cerca?
¿Me tendrán miedo los fantasmas?

Los herederos

Mira a los pobres de este mundo.
    Admira

su infinita paciencia.
    Con qué maestría
han rodeado todo.
    Con cuánta fuerza
miden el despojo.
    Con qué certeza
saben que estás perdido,
    que ya muy pronto
ellos sin pausa
    heredarán la tierra.

«O toi que j'eusse aimée...»

Y ahora una digresión. Consideremos
esa variante del amor que nunca
puede llamarse amor.

Son aislados instantes sin futuro.

En la ciudad donde estaré tres días
nos encontramos.
Hablamos cien palabras.

Pero un brillo en los ojos, un silencio
o el roce de las manos que se despiden
prende la luz de la imaginación.

Sin motivo ni causa uno supone
que llegó pronto o tarde
y se duele («no habernos conocido»).

E involuntariamente ocupas tu fiel nicho
en un célibe harén de sombra y humo.

Intocable,
incorruptible al yugo del amor.
Viva en lo que llamó De Rougemont
la posesión por pérdida.

Ría de las Mariposas (Papaloapan)

Entre los nadadores distinguimos
a Heráclito el Oscuro.

Nos hizo una señal de despedida.

Un gorrión

Baja a las soledades del jardín.
Y de pronto lo espanta tu mirada.
Y alza el vuelo sin fin.
Alza su libertad amenazada.

Remembranza

En el bar, entre dos amargas copas,
hacíamos planes
para un futuro condenado a la inexistencia.
Se elevaba del piano
una canción
que es todo lo que resta
de aquel momento.

Gato

Ven, acércate más.
Eres mi *oportunidad*
de acariciar al tigre
—y de citar a Baudelaire.

Teotihuacán

Llueve en Teotihuacán.
Sólo la lluvia
ha descifrado a esta ciudad de muerte.

D. H. Lawrence y los poetas muertos

They look on and help

No desconfiemos de los muertos
que prosiguen viviendo en nuestra sangre
No somos ni mejores ni distintos
Tan sólo nombres y escenarios cambian

Y cada vez que inicias un poema
convocas a los muertos

Ellos te miran escribir
te ayudan

Contra los recitales

Si leo mis poemas en público
le quito su único sentido a la poesía:
Hacer que mis palabras sean tu voz
por un instante al menos.

Garabato

Escribir
es vivir
en cierto modo.
Y sin embargo, todo
en su pena infinita
nos conduce a intuir
que la vida jamás estará escrita.

Conferencia

Halagué a mi auditorio, refresqué
su bastimento de lugares comunes,
de ideas adecuadas a los tiempos que corren.
Pude hacerlo reír una o dos veces
y terminé cuando empezaba el tedio.

En recompensa me aplaudieron.
¿En dónde
voy a ocultarme a devorar mi vergüenza?

Mírame y no me toques

¿Cómo podría explicar *Las soledades*,
concentrarme en Quevedo,
hablar de Lope,
si en vez de alumnas
tengo ante mis ojos
(con permiso de Heine y de mis clásicos)
la rosa, el sol, el lirio y la paloma?

«Birds in the night»
(Vallejo y Cernuda se encuentran en Lima)

Al desaparecer de las aguas peruanas, la anchoveta ha puesto
en crisis a la industria pesquera. En las ciudades del litoral ha
provocado la invasión de hambrientas aves marinas.

Excélsior, 1972.

Toda la noche oigo el rumor alado desplomándose.
Y como en un poema de Cisneros,
albatros cormoranes y pelícanos
se mueren de hambre en pleno centro de Lima,
baudelaireanamente son vejados.

Aquí por estas calles de miseria
(tan semejante a México)
César Vallejo anduvo, fornicó, deliró
y escribió algunos versos.

Ahora sí lo imitan, lo veneran
y es «un orgullo para el continente».

En vida lo patearon, lo escupieron,
lo mataron de hambre y de tristeza.

Dijo Cernuda que ningún país
ha soportado a sus poetas vivos.

Pero está bien así.
¿No es peor destino
ser «El Poeta Nacional»
a quien saludan todos por la calle?

Escrito con tinta roja

La poesía es la sombra de la memoria,
pero será materia del olvido.

No la estela erigida en plena selva
para durar entre sus corrupciones
sino la hierba que estremece el prado
por un instante
y luego es brizna, polvo,
menos que nada ante el eterno viento.

Ramón López Velarde camina por Chapultepec (Noviembre 2, 1920)

A José Carlos Becerra, que murió a la edad de RLV.

El otoño era la única deidad.
Renacía
          preparando la muerte.
Sol poniente
            que doraba las hojas secas.

*Y como las generaciones de las hojas
son las humanas.*

                    Ahora nos vamos
pero no importa
                    porque otras hojas
verdecerán en la misma rama.
Contra este triunfo
                    de la vida perpetua
no vale nada
            nuestra mísera muerte.
Aquí estuvimos
              habitando en los muertos
y seguiremos
            en la carne y la sangre
de los que lleguen.

De *Islas a la deriva* (1973-1975)

Agua y tierra: paisajes

1

Es la hora imperceptible en que se hace de noche.
Y nadie se pregunta cómo se hace la noche.
Qué materia secreta va erigiendo a la noche.

2

Llueve
      y el mundo se concentra en llover.

El agua se ensimisma.

La tierra entera se va hundiendo en la lluvia.

Becerrillo

Y Cristóbal Colón también lanzó
contra los indios de Santo Domingo,
disparos de metralla, una jauría
de perros antropófagos. Centenares
murieron en sus fauces.
Ya la historia
                olvidó el episodio,
pocos saben
que esta avanzada civilizadora
tuvo su héroe un dogo: *Becerrillo*.

Colón le dio la paga de dos soldados.

Tulum

Si este silencio hablara
    sus palabras se harían de piedra.
Si esta piedra tuviera movimiento
    sería mar.
Si estas olas no fuesen prisioneras
    serían piedras
en el observatorio.
    Serían hojas
convertidas en llamas circulares.

De algún sol en tinieblas
    baja la luz que enciende
a este fragmento de un planeta muerto.

Aquí todo lo vivo es extranjero
    y toda reverencia profanación
y sacrilegio todo comentario.

Porque el aire es sagrado como la muerte.
   Como el dios
que veneran los muertos en esta ausencia.

Y la hierba se prende y prevalece
   sobre la piedra estéril comida por el sol
—centro del tiempo, padre de los tiempos,
   fuego en el que ofrendamos nuestro tiempo.

Tulum está de cara al sol.
   Es el sol
en otro ordenamiento planetario.
   Es núcleo
de otro universo que fundó la piedra.

Y circula su sombra por el mar.

La sombra que va y vuelve
   hasta mudarse en piedra.

Ceremonia

De entre los capturados en la Guerra Florida
escogeremos uno.
                    Para él serán
las vírgenes del templo, la comida sagrada.
   Todo el honor
que la ciudad de México reserva
a quien es elegido por sus deidades.

Y pasados tres meses se vestirá
con la piel de un dios vivo.
Será el dios mismo
   por algunos instantes.

Más tarde subirá la escalinata
entre el aroma de copal y el lúgubre
   sonido de atabales.
Hasta que en el remate de la pirámide
le abran el pecho para alimentar
—con la sangre brotada del sacrificio—
al sol que brilla entre los dos volcanes.

Presagio

Se puso el sol, brillaron las montañas,
el Gran Tlatoani entró en sus aposentos.
No pudo descansar. Fue hasta las Salas
Negras de su palacio destinadas
a los estudios mágicos, recinto
de la sabiduría indescifrable.
Contempló el lago
              jade bajo la noche
y la ciudad
           llena de luces y canales.

El mensajero dijo: «Piden verte
señor dos pescadores. Atraparon
un ave misteriosa. Es su deseo
que no la mire sino Moctezuma.»

Entraron los dos hombres
con el ave en la red. El Gran Tlatoani
observó que en lugar de la cabeza
tenía un espejo.
          En él vio reflejadas
«casas sobre la mar y unos venados
cubiertos de metal
            grandes, sin cuernos».

«Vuelven los dioses», dijo Moctezuma.

«Las profecías se cumplen. No habrá oro
capaz de refrenarlos.
                          Del azteca
quedarán sólo el llanto y la memoria.»

Francisco de Terrazas

Su primera pasión fue la extrañeza.
¿Quién era en este mundo ni europeo ni indio
botín de algunos pocos, infierno en vida
para los derrotados, ruina y promesa,
vergel de Europa y desierto de América?

Sintió que por herencia de conquista
era suya esta tierra.

Ni azteca ni español: criollo. Por tanto,
el primer hombre de una especie nueva.

Y halló su identidad en el idioma
que vino con la cruz hecha de espadas.

Cuando ardieron los libros de la tribu
quedó en silencio el escenario. Terrazas
fundó la otra poesía al escribir
el primer verso del primer soneto:

Dejad las hebras de oro ensortijado...

Sor Juana

es la llama trémula
en la noche de piedra
del virreinato.

Un poeta novohispano

Como se ahogaba en su país y era imposible
decir una palabra sin riesgo:
Como su vida misma estaba en manos
de una sospecha, una delación, un proceso, el poeta
llenó el idioma de una flora salvaje. Proliferaron
estalactitas de Bizancio en sus versos.

Acaso fue rebelde, acaso comprendió
la ignominia de lo que estaba viviendo.
El criollo resentido y cortés al acecho
del momento en que se adueñaría de la patria ocupada
por hombres como su padre. En consecuencia,
más ajenos, más extranjeros, más invasores todavía.
Acaso le dolió tener que escribir públicamente sin tregua
panegíricos versos, cortesanos juegos de hueco ingenio,
     pomposidades serviles.
Sus poemas verdaderos en los que está voz,
     los sonetos
que alcanzan la maestría en el nuevo arte,
a la sombra de Góngora es verdad,
pero con algo en ellos que no es enteramente español
los sembró noche a noche en la ceniza.

Han pasado los siglos y alimentan
una ciega sección de manuscritos.

«Vecindades» del centro

Y los zaguanes huelen a humedad.
     Puertas desvencijadas
miran al patio en ruinas.
     Los muros

relatan sus historias inmemorables.
 Los peldaños de cantera se yerguen
gastados a tal punto que un paso más
 podría ser el derrumbe.

Bajo la cal, entre el salitre, el tezontle.
 Con ese fuego congelado fue hecha
una ciudad que a su modo inerte
 es también un producto de los volcanes.

No hay chispas de herradura que enciendan
 las baldosas ya cóncavas.
Por dondequiera
 coches, islas de aceite.

En el dieciocho fue un palacio esta casa.
 Hoy aposenta
a unas veinte familias pobres,
una tienda de ropa, una imprentita,
un taller que restaura santos.

Baja un olor a sopa de pasta.

Las ruinas no son ruinas.
 El deterioro
es sólo de la piedra inconsolable.
 La gente llega,
vive, sufre, se muere.
 Pero otros llegan a ocupar su sitio

y la casa arruinada sigue viviendo.

México: vista aérea

Desde el avión
                    ¿qué observas?
Sólo costras
              pesadas cicatrices
de un desastre.
                    Sólo montañas de aridez,
arrugas
        de una tierra antiquísima,
volcanes.

            Muerta hoguera,
tu tierra es de ceniza.
Monumentos que el tiempo
erigió al mundo.
                    Mausoleos,
sepulcros naturales.

Cordilleras y sierras nos separan.
Somos una isla de aridez
                        y el polvo
reina copiosamente entre su estrago.

Sin embargo, la tierra permanece
y todo lo demás
                    pasa,
se extingue.

Se vuelve arena para el gran desierto.

Old Forest Hill Road (Toronto)

Calle en penumbra
                    y el invierno baja
en escuadrones a su helada lumbre.

Hojas aún verdes en el prado, signos
de que el otoño no ajustó su ciclo.
Casas cerradas y en silencio, enigmas
de cuántas vidas que pasaron *(y otras
que pasarán)* sin que mis ojos sepan
cómo pasaron.

              Porque no estuve ni estaré.
He venido

        sólo de paso a esta ciudad,
a este mundo.

           Soy extranjero
en esta tierra.

           En todas
seré extranjero.

           Al regresar
mi patria

        habrá cambiado
y no estaré ni estuve.

Mi única tierra es una calle ajena
de hojas aún verdes

              que el otoño entrega
al hondo invierno

          y a su helada lumbre.

La rama

De pronto la visión
de la rama desnuda por la ventana.
Su dibujo crispado se encamina
—arabesco o araña— entre la nieve.

Esta caligrafía del invierno
trae la esperanza de un renacimiento.
Pero nunca será tan bella
como hoy

        su menuda muerte.

Savia que hierve inmóvil o duerme.
Inscripción en el aire. Nave.

Este jardín como mil jardines
pudo ser sin saberlo
                    el paraíso.

Despertar

Abre los ojos el jardín.
   No hay nadie.
Se detiene la noche en la espesura
aunque el aire ya invoca
   al nuevo día.
Mundo que nace de sí mismo,
   esfera
hecha de tiempo en derredor.
   Las horas
bajan sin pausa a la memoria.
   Abro los ojos.
   Veo el jardín.
   No hay nadie.
Abre los ojos el jardín.
   Me mira.

Noche y nieve

Me asomé a la ventana y en lugar de jardín
hallé la noche enteramente constelada de nieve.

La nieve hace tangible el silencio
y es el desplome de la luz y se apaga.

La nieve no quiere decir nada.

Es sólo una pregunta que deja caer
millones de signos de interrogación sobre el mundo.

El fuego

En la madera que se resuelve en chispa y llamarada,
luego en silencio y humo que se pierde,
miraste deshacerse con sigiloso estruendo tu vida.

Y te preguntas si habrá dado calor,
si conoció alguna de las formas del fuego,
si llegó a arder e iluminar con su llama.

De otra manera todo habrá sido en vano.
Humo y ceniza no serán perdonados,
pues no pudieron contra la oscuridad
—tal leña que arde en una estancia desierta
o en una cueva que sólo habitan los muertos.

«Con la ignorancia de la nieve»

Miro caer la nieve.
    Estoy en medio
de la nieve que cae iluminada
    por una luz del otro mundo.

La nieve existe porque su descenso
    deja su huella en mí,
me va cubriendo
    con su seda apagada.

Entre el aire de nieve me encamino
    hacia la noche de Toronto, inmensa
llanura, lividez deshabitada.

Abro otra puerta. No hay misterio. Entiendo
  que el mundo comenzó por ser de nieve.

En lo hondo de la nieve las estrellas
  se dirían de nieve iluminada
y próxima a caer. Apocalipsis
  silencioso y voraz
como la nieve.

Souvenir

Aún queda nieve entre los árboles. Hay hojas
calcinadas de otoño bajo los setos.
Las ramas —blancas o pardas— todavía se desploman
bajo el agravio de su desnudez. Sin embargo,
la ardilla al fin ha abandonado el subsuelo
y el primer petirrojo ya escarba
en su coto de caza, ya pesca
las lombrices que han vuelto a la hierba.

El sol opaco pinta bosques de sombra
en la mancha de nieve. Ya todo
se dispone a vivir nuevamente.

Contemplo el móvil cuadro en la pared: esta ventana.
No volverán mis ojos
a detenerse en el jardín.
Seguirá la casa
con algo de nuestras voces y nuestras vidas.

Es demasiado el equipaje. No puedo
llevarme ni siquiera una hoja muerta
y calada de invierno.

A falta de una cámara, un pincel
o habilidád para el dibujo, me llevo
como única constancia de haber estado
estas pocas palabras.

La flecha

No importa que la flecha no alcance el blanco.
Mejor así.
No capturar ninguna presa.
No hacerle daño a nadie
pues lo importante
es el vuelo, la trayectoria, el impulso,
el tramo de aire recorrido en su ascenso,
la oscuridad que desaloja al clavarse
vibrante
en la extensión de la nada.

Estación termal

Para huir del dolor aquí trajimos
todos nuestros pesares.
Nos acompañan, se renuevan, llenan
el pobre cuerpo que les da aposento.

Cada uno es distinto. Nadie puede
reconocer su pesadumbre en el otro.
Nadie tampoco hace el esfuerzo.

Aquí nos mata la vejez.
Aquí nos entretiene
                    la enfermedad
con un tablero de esperanza.

Aquí por un momento la locura
parece más serena.

Bien descansados, bien comidos,
vamos
        cayendo uno por uno.

«Esopo» por   Velázquez

A Marta y Raúl Gustavo Aguirre

Este retrato imaginario
asexuado
muestra al fabulista
con un aire de Goya
y mirada de madre triste.

Su rostro,
herido por el desencanto,
revela
una melancolía incurable.

Su mano izquierda
sostiene unos manuscritos.
La derecha
calma un dolor de vientre
producto
de una ansiedad desconocida

No está peinado
ni vestido de calle.
Lo cubre una tosca bata.
Hay a sus pies una tinaja
y algunas prendas misteriosas.

Mechones negros
son entre el pelo blanco
la señal última
de su antiquísima juventud.

La sombra invade
por la izquierda esta acre fábula ocre.

H & C

En las casas antiguas de esta ciudad
   las llaves del agua
tienen un orden diferente.
Los fontaneros que instalaron los grifos
   hechos en Norteamérica
dieron a C de *cold* el valor de *caliente*.
La H de *hot* les sugirió agua *helada*.

¿Qué conclusiones extraer de todo esto?
   —Nada es lo que parece.
   —Entre objeto y palabra
   cae la sombra
   (ya entrevista por Eliot).

Para no hablar de lo más obvio:
Cómo el imperio nos exporta un mundo
que aún no sabemos manejar ni entender.
Un progreso bicéfalo (creador
y destructor al mismo tiempo
—y como el mismo tiempo)
al que no es fácil renunciar.

Nadie que ya disfrute el privilegio (aquí
tener agua caliente es privilegio)
se pondrá a cavar pozos, a extraer
aguas contaminadas de un arroyo.

Y de otro modo cómo
todo acto es traducción:
   Sin este código
se escaldará quien busque
   bajo C el agua fría.
Los años pasarán sin que se entibie
   la que mana de H.

La sirena

En el domingo de la plaza la feria
y la barraca y el acuario con tristes
algas de plástico, fraudulentos corales.

Cabeza al aire la humillada sirena
acaso hermana del que cuenta su historia.
Pero el relato se equivoca:
   ¿Dé cuándo acá
las sirenas son monstruos
o están así por castigo divino?

Más bien sucede lo contrario:
Las sirenas son libres,
son instrumentos de poesía.

Lo único malo es que no existen.
Lo realmente funesto es que sean imposibles.

Las moscas *

y en el aire y el muro y el suelo
moscas tiernas, a pares, en celo;

   Salvador Díaz Mirón.

Mientras yo sobre ti,
tú sobre mí,
los dos al lado,
dos alados insectos se persiguen.

Obscenamente sobrevuelan el lecho.
Miran zumbonas o tal vez excitadas.

Para él sin duda no eres la más hermosa y deseable.

(Tal un lirio entre las espinas
es su mosca entre muladares.
Los contornos de su trompa son como joyas,
como púrpura real sus vellosidades.)

¿Despreciarán
sus ojitos poliédricos nuestros cuerpos,
nuestras torpes maniobras,
nuestros brazos que no son alas?

Y juntas se levantan como la aurora,
grandiosas como ejércitos en batalla.

Han puesto de cabeza el rastrero infierno
y se adueñan al fin de su cielo raso.

Bocabajo seguramente jadeantes,
colgadas de las patas sobre el abismo.

Y hacen lo suyo sin pensar en la muerte.

_____

   * Con disculpas a Salomón: *Cantares* 2: 2, 7: 1 y 6: 10.

De *Desde entonces* (1975-1978)

Homenaje

Con esta lluvia el mundo natural
penetra
en los desiertos de concreto.
  Escucha
su música veloz,
  contrapunto de viento y agua.

Unica eternidad que sobrevive,
esta lluvia no miente.

Nocturno

La noche yace en el jardín.
La oscuridad silenciosamente respira.
Cae del agua una gota de tiempo.
Un día más se ha sepultado en mi cuerpo.

Bosque de marzo

La flor acaba de nacer.
La hoja vibra
de juventud en solidario follaje.

Nueva es la tierra
y es la misma de entonces.

Aquí tan sólo quien contempla envejece

Extranjeros

Si te molestan por su acento o atuendo,
por sus términos raros para nombrar
lo que tú llamas con distintas palabras,
emprende un viaje
                        no a otro país
(ni siquiera hace falta):
a la ciudad más próxima.

Verás cómo tú también eres extranjero.

El derroche

Mientras espero a la que llega tarde
ahora y siempre, observo
   la multitud.
Y no me porto sociológico,
apocalíptico ni estético:
Hoy me limito a ver las caras de todos.
Pienso en el desmedido gasto supérfluo,
las horas-hombre (u horas-Dios, según la creencia)

desperdiciadas en dar a cada cual unos rasgos
   que jamás se duplican.

Hay —dijo Bioy— un verdadero derroche de caras.

Retrato de familia

¿Quiénes son los extraños que nos observan
desde el fondo gris del retrato?
Dieciséis años son un enorme trozo de siglo:
generaciones, vidas, historias.
Broma pesada de cualquier moda:
cómo ridiculiza al viejo presente,
nos obliga a reírnos de nuestro espectro.
Qué jóvenes, qué niños parecen todos.
Cómo han cambiado nuestros muertos.
Cada cual con su muerte a cuestas,
pero nadie vio la guadaña.
Todos envejecimos menos la abuela
—más hermosa que nunca a los ochenta años.

Cabeza olmeca

Bloque o montaña.
Un solo rostro.
Un astro
caído
de una historia inescrutable.

Selva de la inmovilidad.
Padre de piedra.

Vestigio de qué dios decapitado.

Del último Juan Ramón

A Ricardo Gullón

Desde su noche
   ve
no la otra sombra
sino su claridad.

Brilla en el mar nocturno
   la sal del sol
   a solas
   agua adentro
en su materia misma inasible.

En la honda arena cae lo muriente,
pero lo vivo resplandece en la gota
a la que sólo puede interrogar
la mirada del pez profundo.
   Circulaciones
de la vida transformándose siempre.

Y en el abismo de su oscuridad
   no desciende.
   Se alza
   sobre-viviente.
   Animal de fondo.

La noche al fin
   se vuelve transparencia deseante.

La primera canción de Agustín Lara

La noche engendra música. A su imán
acuden las canciones memoriosas, el piano

desafinado, la guitarra ya casi polvo, el violín
comido por los años, las maracas
que suenan como huesos. Y los ancianos
vamos a congregarnos en este círculo mágico.
Nos verá la espalda
el presente que nos asfixia, el agobio
de estar vivos aquí y ahora.
Sonará como entonces la blanda música.
Que nos recubra esa vida que fue la nuestra
y mantenga a raya al sepulcro abierto.
Muchacha que hoy serás como fue mi abuela,
en esta noche tienes veinte años todavía.
Cómo impedir una lágrima cursi o dar las gracias
pues me quedé con tu rostro del 29.
Y ahora, de pronto, casi en mi tumba, vuelves
en la canción tristísima. Por un momento
somos de nuevo los hermosos amantes.

Fin de siglo

La sangre derramada clama venganza.
Y la venganza no puede engendrar
sino más sangre derramada.
    ¿Quién soy:
el guarda de mi hermano o aquel
    a quien adiestraron
para aceptar la muerte de los demás,
    no la propia muerte?
¿A nombre de qué puedo condenar a muerte
a otros por lo que son o piensan?
Pero ¿cómo dejar impunes
la tortura y el genocidio y el matar de hambre?
    No quiero nada para mí.
    Sólo anhelo

lo posible imposible:
un mundo sin víctimas.
Cómo lograrlo no está en mi poder.
Escapa a mi pequeñez, a mi pobre intento
de vaciar el mar de sangre que es nuestro siglo
con el cuenco trémulo de la mano.
Mientras escribo llega el crepúsculo.
Cerca de mí los gritos que no han cesado
no me dejan cerrar los ojos.

Ratus norvegicus

Dichosa con el miedo que provoca, la rata parda de Noruega
(nacida en Tacubaya y plural habitante
de nuestro barrio más bien pobre), en vez de ocultarse
observa con sus ojillos iracundos las tristes armas
—escobas, palos, cacofónica avena venenosa—
que no podrán contra su astucia.
Sentada en su desnuda cola y en la boca del túnel
que perforó para ganar la calle o la casa según convenga,
la rata obesa de exquisito pelambre, la malhechora
que se come el cereal del pobre, la muy canalla
que devora recién nacidos arrojados a los baldíos,
parece interrogarme: «¿Soy peor que tú?»,
con sus bigotes erizados la oronda en tensión suprema.
«También tengo hambre y me gusta aparearme y no
me consultaron antes de hacerme rata y soy más fuerte
(comparativamente) y más lista. ¿Puedes negarlo?
Además las ratas somos mayoría: por cada uno de ustedes
hay cinco de nosotras. En esta tierra
las ratas somos los nativos; ustedes
los indeseables inmigrantes. Tan sólo vean
la pocilga y el campo de torturas que han hecho
de este planeta compartido. El mundo

será algún día de las ratas. Ustedes
robarán en nuestras bodegas,
vivirán perseguidos en las cloacas, sufrirán
la espantosa agonía del veneno.»
El gato interrumpió el monólogo silente
y de un salto de tigre cayó sobre la rata y la hizo
un cúmulo de horror y sangre y carne palpitante.

Jardín de niños

Para Alba y Vicente Rojo

1

Abrir los ojos. Aún no hay mundo. Cerrarlos.
Ver las tinieblas prenatales. Allí
algo como un regreso al principio de todo.
Soy una ameba, un protozoario, un pez
que milenariamente va saliendo del agua *.
Con espasmos de asfixia me interrogo
sobre el planeta humeante.
Me adentro en tierra firme. Ya respiro.
Avanzo a rastras. Soy reptil pulmonado.
Y ahora me brotan alas: mis escamas
se han transformado sin saberlo en plumaje.

2

Lo que entre sangre y de la sangre brota
no es bello ciertamente.
Como una fiera se debate, lucha

---

* Esto que aquí se rompe y se dehace
  se llama el mar.

con los puños cerrados y protesta
contra quienes lo arrancan. Porque una cola
lo ata a su especie humana. Es cercenada.
Recibe el primer golpe. La luz lo hiere.
Hierve el estruendo de este mundo.
Ahora está solo y se defiende llorando.
Cabeza deformada por el túnel
y la lucha asfixiante.
Arrugas de humedad. El viejo monstruo
rejuvenece en horas y mañana
será tierno y hermoso.

3

Desde la cuna veo llover. Se desploma
el cielo entero en un torrente sin pausa.
La tierra inerme volverá a ser del agua.
¿Voy a tocar el fondo como una piedra
o flotaré como un anfibio en las ondas?
Desciende a plomo y melodiosamente la lluvia.
Huele el jardín a recomienzo. Despierta.
El agua baja a proseguir este mundo.
Vibra el rumor que me adormece. Me duermo.

4

Tinta de la memoria. Extensión ciega
de lo indecible inmemorable.
Allí no hay nada. Sólo calor sin luz.
Tal vez la angustia
de la primera noche en esta tierra.
¿Acabarán
alguna vez las sombras? ¿Volverá el aire
a iluminarse?
                    Llanto, llanto

de aquel recién nacido en quien renueva
sus temores la especie.
                           Ser a solas
indefenso ante el mundo: el gran no-yo
y su despliegue amenazante
                              sobre, en torno
del que ha llegado sin palabras.
Si tienes hambre, si padeces de frío,
si te incomodan los pañales,
existes, te hallas vivo, caes en cuenta
de que los otros te hacen falta y no eres
centro de ningún mundo, simple rueda
del enorme engranaje, una semilla
entre la cuna eterna que se mece insaciable.

5

Generación que vas como las hojas...
como las hojas no: como las ondas
o círculos concétricos taladrados
por la gota de lluvia en la masa de agua,
hasta que al ensancharse
se hacen un todo
con el río que nunca para
porque es distinto siempre.
Las aguas pasan
y el río sigue en su curso,
sigue su cauce. Generación
de los nacidos entre tumbas, al resplandor
del incendio del mundo.
Tanto trabajo de las células
y en poco tiempo
ser alimento de gusanos
en grandes fosas
o en las ruinas del bombardeo. Generación

de millones de niños muertos. La sobrevida
será para los otros muerte en el alma.
Y es su tarea
dejar escrito en agua su testimonio.

6

La única antorcha recibida
iluminó el entierro de sus muertos.
   Desplazamientos
que por mil noches terminaron en humo:
larga columna, golpes en vano a las puertas del cielo
y descenso en hollín hasta el crematorio.
Crujir de huesos, rumor de casas incendiadas.
   ¿A quién le debo
haber estado a salvo
   mirando todo
desde otra orilla?
   Gran aventura
es la guerra como espectáculo,
   a menos
de que uno lleve como pecado original esa culpa.

7

Pero el que nace y muere sólo vivirá acompañado.
Madre, padre, inventores
del frágil desconocido, de la página en blanco
en que la estirpe deja rasgos y rastros.
   Pero quién sabe
qué hará con él la vida, qué hará la historia,
qué hará consigo mismo este ser libre;
sí, libre (con sus limitaciones:
clase, nación, época, lengua).
Mamá y papá, como en un juego,

arrojaron la piedra cuestabajo, pusieron
la hoja al viento, llevada
por los que están aquí, por los que nacen
y nacerán mañana.
   El enigma
parece un dibujito de unir puntos y encontrar la figura
o trazar una línea que conduzca
   a la boca del laberinto.
   Lo grave
es que sólo la muerte podrá dar la respuesta.

8

El lactante o lechón entre dos orificios:
boquita bien dispuesta para llenarse de placer
con el líquido que lo construye y lo hace egoísta,
   y la cloaca
que lo ata al suelo como globo cautivo
y le recuerda: eres también destructor
y has profanado la limpieza del mundo.
   No eres un ángel
sino algo más hermoso y terrible.
   Por ser humano
estás sujeto a tu grandeza y tragedia.
Y que tus ojos sin color te descubran
la hermosura de esto que vives, la sordidez
de haber nacido entre la injusticia, el terror,
el microbio o bacilo que puede fermentarnos en lobos
   de nuestros semejantes.

9

Narciso en el estanque: hay un espejo
donde se abisma quien se reconoce.
   Quién como yo

supone el niño al observar la ficción
hecha de luz contra telones de azogue.
Si no hay piedra que rompa el maleficio
la autohipnosis embriagará a su víctima,
la hará un tirano incapaz de ver
más allá de su ombligo mínimo
—precisamente la cicatriz
que nos señala a fuego para indicar
pertenencia al conjunto, la obligación
de ser para otros ya que somos de otros.

10

Entre el amor que puede ser asfixia y produce
plantas de sombra que se calcinan en la realidad sensitivas
y el desamor que engendra monstruos dolientes,
¿cuál es el justo medio, cuál es el punto
donde se erigen los que deben ser seres
realmente humanos, no caricaturas
      ni proyectos abandonados?
La violencia nace en la casa y el dulce hogar,
reproduce lo que hay afuera. El maltrato,
como toda crueldad, es inconsciencia
y produce a quienes serán
los crueles inconscientes del mañana.
      La sobreprotección
es un efecto del pesimismo:
      Si el mundo es malo
y nada hacemos por cambiarlo —se dicen—
al menos retrasemos en lo posible
      la hora y fecha del pago.

11

Si nada sobra, nada falta: hay comida,
tienes un lecho, ropa limpia,

cuadernos de dibujo, libros, juguetes.
Por un azar incomprensible te tocó en suerte nacer
del otro lado de la muralla, en los márgenes.
Pero de cualquier modo no te moja la lluvia,
    no sufres hambre,
cuando te enfermas hay un médico,
    eres querido
y te esperaron en el mundo.
    Son muchos
los privilegios que te cercan y das
    por descontados.
    Sería imposible
pensar que otros no los tienen.
    Y un día
te sale al paso la miseria.
    La observas
y no puedes creer que existan niños
sin pan sin ropa, sin cuadernos, sin padre.
Te vuelves y preguntas por qué hay pobres.
    Descubres
que está mal hecho el mundo.

12

Esos días, lo rápido que pasan.
Memorias no: destellos, aerolitos
en galaxias de olvido o de invención.
    Esos días
del único adán único que tiene para sí toda la casa
todos los padres, todos los amores.
Hasta que el paraíso se deshace
y entran por fin los otros,
semejantes o hermanos, da lo mismo;
    pero siempre expulsores.
No hay limbo, el purgatorio no existe:
    únicamente

paraíso o infierno en este mundo.
   En uno u otro,
   no en la tierra de nadie.
Infierno si has perdido lo que tuviste,
   infierno
si te desvela la obsesión de perderlo,
aunque no valga nada ni sea nada:
   espejismo
   de egolatría,
   disfunción de una célula,
   carcoma.
Arde la tierra.
   En sangre derramada
arde la tierra.

13

Pero el niño reinventa las palabras
y todo adquiere un nombre.
Verbos actuantes, muchedumbre de sustantivos.
   Poder
de doble filo: sirve lo mismo
a la revelación y al encubrimiento.
Cuando el objeto ya no está,
cuando los actos mueren,
queda aún la palabra que los nombra: fantasma
de presencias que se disuelven.
   Nos llega el tiempo
envuelto en esta herencia, calidoscopio
de figuras compuestas al infinito.
   Los mismos vidrios
para un millón de imágenes distintas,
   siempre distintas.
Ningún día vuelve, cada minuto es diferente.
   En la sucesión,

en su insondable vértigo nos queda,
como hilo en nuestro camino o migaja,
para volver por nuestros pasos perdidos el habla.

14

El niño tiene la intuición de que no es preciso formar
una secta aparte o sentirse
superior a los otros para hacer poesía.
   Pues la poesía
   se halla en la lengua,
en su naturaleza misma está inscrita.
Y las primeras frases no mecánicas son poéticas siempre.
   Como un poeta azteca o chino
el niño de dos años se interroga y pregunta:
   «¿Adónde van los días que pasan?»

15 (Cartilla de lectura)

EL NIÑO rompe todas las cosas de LA CASA.
Quiere adueñarse de LA CASA.
EL NIÑO representa LA VIDA nueva.
Rompe todo lo viejo que hay en LA CASA.
LA VIDA nueva está condenada a hacerse LA VIDA vieja.
Un día será como las viejas cosas que hay en LA CASA.

16

Recuerdos de la infancia como el eco de un pozo.
   Inquietud
de quien surge y destruye todo.
Niño que sin saberlo

quiere rehacer el mundo y, cansado
de exterminar las cosas del viejo orden,
   se pone
a esculpir su utopía inconsciente: dibujos
   en un cuaderno,
trazos geométricos, ciudad justa, visiones
   de una tierra alcanzable.
   O si no puede
   con el dibujo
   intenta
inventar las historias que ajusten los fragmentos
del gran rompecabezas: la realidad,
   y ordenen
   sensación e impresión.
Y queda al margen
   de los actos:
   su hacer
se añade al mundo pero no lo transforma.

17

Como pedazos de estatuas rotas que desentierran
   en los centros ceremoniales
son los juguetes lamentables, las fotos,
los cuadernos casi ilegibles
hallados de repente al limpiar la casa.
Estas ruinas son todo lo que perdura
   de la infancia irrestituible.
   (La estatua
   puede recomponerse;
   el pasado interno
salidifica a quien se vuelve a mirarlo.)
En los despojos o recuerdos por un instante
el ayer se entreabre y luego
   queda cerrado para siempre.

18

Ahora, en definitiva, es otro mundo.
   Aquellos años
en que irrumpimos sin saber adónde parecen
tan lejanos como el diluvio.
   No obstante
aún prosigue la gran matanza.
   Se extiende el hambre
cuando todo está aquí para vencerla.
   En el sur de América
hay campos de tortura e inmensas fosas
se abren en nuestras tierras como en Auschwitz.
   El tiempo
   no pasó en vano:
se perfecciona el exterminio.
   Pero todo esto
   no servirá de nada
   ante el valor humano,
   frente a la decisión
de inventar otro mundo.

19

Como del fondo sube una burbuja y los peces
encadenados al acuario horadan el tedio
en feroces o mansas coreografías, nosotros
estamos ciegos para ver más allá del gran vidrio,
del agua turbia que llamamos el tiempo.

Somos los peces de este ahora
que velozmente se transforma en entonces.
Los prisioneros, los reducidos a soñar un futuro
que otros muchos soñaron y ya es este
miserable presente.

No puedo dar
un paso que me aparte de mi acuario.
Conozco mis voraces limitaciones.
Falta el oxígeno. Las algas nos devoran.
Se adensa el agua
y hay un escape en algún lado.
Tal vez nos llegará la asfixia,
tal vez muramos
sin ver ese otro mundo allá afuera *.

20 (Epílogo)

... o somos los guijarros que avienta el mar y caemos
en la playa que no elegimos, entre sargazos
y los grumos letales del petróleo. Aquí está
la sequía que nombran el desierto. Es preciso
atravesarlo de sol a sol. Llegaremos
al otro mar a que nos cubra la muerte.
    Entretanto
el camino es la meta. Y nadie avanza solo.
Y el agua se comparte o revientas. No hay
minuto que no transcurra.
                              Adelante.

---

* Pero qué importa esa agonía.
  Si te derrumbas, si te mueres
  habrá otro siempre
  para acabar cuanto empezaste.
  nada es inútil,
  Tu misma muerte
  transmitirá la vida a quienes lleguen.
  El mundo
  no morirá (lo sabes)
  cuando te extingas.

De *Los trabajos del mar* (1983)

Costas que no son mías

1

De la isla conozco el olor, la forma
  y la textura de la arena.
Sé que no pertenezco a ella
pero la siento mía por derecho de amor.
  La isla es del mar.
  No voy a disputarla.
  Simplemente
le dejo aquí el más humilde homenaje.

2

Ola rima con luna en la noche clarísima de azogue.
Nadie puede encender el sol ni frenar el océano,
el misterioso oleaje que no tiene
  misericordia de nosotros.

3

Lo que dice la arena al mar es acaso:
—No te serenes nunca. Tu belleza
es tu absoluto desconsuelo.
    Si alguna vez
encontraras sosiego perderías
    tu condición de mar.
    Si te calmas
dejará de fluir el tiempo.

4

Los días sin niebla, de repente, a lo lejos,
por la ventana del cuarto humilde, el estrecho,
la Puerta de Oro y su puente,
Chartres de hierro, catedral de los mares.
Cuánto poder y levedad en este puente,
en este triunfo contra el mar enemigo
que arde allí abajo, murmurante, esperando
    el terremoto, el regreso
de California hasta el rumor de las aguas.

5

    Así como en el jardín
que está ocho pisos más abajo, en silencio,
todos los animales se combaten,
bajo el mar de la noche hay guerra.
Y este cielo sin nubes allá arriba
parece tan sereno y es violencia
—como las calles, como los países—:
astros mueren, planetas se derrumban,
de una explosión brutal
    nacen galaxias.

Prosa de la calavera

Como Ulises me llamo Nadie. Como el demonio de los Evangelios mi nombre es Legión.

Soy tú porque eres yo. O serás porque fui.

Tú y yo. Nosotros dos. Vosotros, los otros, los innumerables ustedes que se resuelven en mí.

Omnipresente como en Tenochtitlán, donde mi imagen recordaba a todos y a toda hora la conciencia del fin. El fin de cada azteca y la cultura azteca.

Después fui, al punto de convertirme en lugar común, símbolo de la sabiduría. Porque lo más sabio es también lo más obvio. Como nadie quiere verlo de frente nunca estará de sobra repetirlo:

No somos ciudadanos de este mundo sino pasajeros en tránsito por la tierra prodigiosa e intolerable.

Si la carne es hierba y nace para ser cortada, soy a tu cuerpo lo que el árbol a la pradera: no invulnerable, tampoco perdurable; sí material más empecinado o resistente.

Cuando tú y todos los nacidos en el hueco del tiempo que te fue dado en préstamo acaben de representar su papel en este drama, esta farsa, esta trágica y bufa comedia, yo permaneceré por largos años: *descarnada desencarnada*.

Serena mueca, secreto rostro que te niegas a ver (arráncate la máscara: en mí hallarás tu verdadera cara), aunque lo sabes íntimo y tuyo y siempre va contigo.

Y lleva adentro, en fugaces células que a cada instante mueren por millones, todo lo que eres: tu pensamiento, tu memoria, tus palabras, tus ambiciones, tus deseos, tus miedos,

tus miradas que a golpes de luz erigen la apariencia del mundo, tu alejamiento o entendimiento de lo que irrealmente
llamamos realidad.

Lo que te eleva por encima de tus olvidados semejantes, los
animales, y lo que te sitúa por debajo de ellos: la señal de
Caín, el odio a tu especie, tu capacidad bicéfala de hacer
y destruir, hormiga y carcoma.

En vez de temerme o ridiculizarme por obra de tu miedo de-
berías estarme agradecido. Sin mí qué cárcel sería la vida
en la tierra. Qué tormento si nada cambiara ni envejeciera.
Y durante siglos y siglos de desesperación sin salida la misma gente diera vueltas y vueltas a la misma noria.

Gracias a mí todo es inexpresablemente valioso porque todo
es efímero y jamás se repite.

Unico es cada instante y cada rostro que en ese instante aflo-
ra por el camino vertiginoso que lo conduce hacia mí.

Porque voy con ustedes a todas partes. Siempre con él, con
ella, contigo, esperando sin protestar, esperando.

De los ejércitos de mis semejantes se ha forjado la historia.
De la pulverización de mis añicos está amasada la tierra.

Reino en el pudridero y en el osario, en el campo de batalla
y en los nichos en que (por breve tiempo) se venera a las
víctimas de lo que ridículamente llaman la gloria.

Y no es sino la maligna voluntad de negarme, el afán estú-
pido de creer que hay escape y por medio de actos y obras
alguien puede vencerme.

Actos y obras llevan también su sentencia de muerte, su cala-
vera invisible: único precio de haber sido.

Contigo, hermana mía, hermano mío, me formé de tu sustan-
cia en el vientre materno. Volverás a la oscura tierra y yo,
que en cierta forma soy tu hija, heredaré tu nada y tu
nombre.

Seré tus restos, tus despojos, tus residuos, tus sobras: el testimonio de que por haber vivido estás muerto.

Así, quién lo diría, yo —máscara de la muerte— soy la más
profunda entre tus señales de vida, tu huella final, tu última ofrenda de basura al planeta que ya no cabe en sí mismo de tantos muertos.

Si bien sólo perduraré por breve tiempo, de todos modos muy
superior al que te concedieron.

A menos que me aniquiles con tu carroña, aceleres por me-
dios técnicos o por lo imprevisible el proceso que tarde o
temprano conduce a nuestra última patria: la ceniza de que
tú y yo estamos hechos.

Y al hacerme desaparecer junto contigo me prives de la última voluptuosidad: sentirme superior a los gusanos que nacen de tu cuerpo a fin de terminar con tu cuerpo (y apenas me rozan con sus viscosidades).

Después de todo me siento afín a ellos porque también soy
innombrable.

Pero mientras la carne me disfraza y las células interiores me
electrifican soy (al menos para ti: cada una /cada uno) el
ombligo del mundo, el centro del universo.

Toda belleza y toda inteligencia descansan en mí —y me re-
pudias. Me ves como señal del miedo a los muertos que
se resisten a estar muertos, o a la muerte llana y simple: tu
muerte.

Porque sólo puedo salir a flote con tu naufragio. Sólo cuando has tocado fondo aparezco.

Pero a cierta edad me insinúo en los surcos que me dibujan,
en los cabellos que comparten mi gastada blancura.

Yo, en tu verdadera cara, tu apariencia última, tu rostro final que te hace Nadie y te vuelve Legión, hoy te ofrezco
un espejo y te digo:

Contémplate.

El silencio

La silenciosa noche. Aquí en el bosque
no distingo rumores, no, de ninguna especie.
   Los gusanos trabajan.
Los pájaros de presa hacen lo suyo (seguramente).
   Pero no escucho nada.
Sólo el silencio que da miedo. Tan raro,
tan escaso se ha vuelto en este mundo
que ya nadie se acuerda de cómo suena,
   ya nadie quiere

estar consigo mismo un instante.
   Mañana
dejaremos de nuevo la verdadera vida para mañana.
No asco de ser ni pesadumbre de estar vivo:
   extrañeza
de hallarse aquí y ahora en esta hora tan muda.
Silencio en este bosque, en esta casa
   a la mitad del bosque.
¿Se habrá acabado el mundo?

El fantasma

Entre sedas ariscas deslizándose
—todo misterio, todo erizada suavidad
   acariciante—
el insondable, el desdeñoso fantasma,
tigre sin jaula porque no hay prisión
   capaz de atajar
esta soberanía, esta soberana soberbia,
   el gato adoptivo,
el gato exlumpen sin pedigrí (con prehistoria),
deja su harén y con elegancia suprema
se echa en la cama en donde yaces desnuda.

Perra en la tierra

La manada de perros sigue a la perra
por las calles inhabitables de México.
   Perros muy sucios,
   cojitrancos y tuertos,
   malheridos
y cubiertos de llagas supurantes.
   Codenados a muerte

y por lo pronto al hambre y la errancia.
   Algunos cargan
signos de antigua pertenencia a unos amos
que los perdieron o los expulsaron.
   Ya pocos pueden
   darse el lujo de un perro.
Y mientras alguien se decide a matarlos
   siguen los perros a la perra.
La huelen todos, se consultan, se excitan
   con su aroma de perra.
Le dan menudos y lascivos mordiscos.
   La montan
uno por uno en ordenada sucesión.

   No hay orgía
sino una ceremonia sagrada, inclusive
en estas condiciones más que hostiles:
   los que se ríen,
los que apedrean a los fornicantes,
   celosos
del placer que electriza las vulneradas pelambres
y de la llama seminal encendida
en la orgásmica entraña de la perra.

   La perra-diosa,
la hembra eterna que lleva
en su ajetreado lomo las galaxias, el peso
del universo que se expande sin tregua.

Por un segundo ella es el centro de todo.
Es la materia que no cesa. Es el templo
de este placer sin posesión ni mañana
que durará mientras subsista este punto,
esta molécula de esplendor y miseria,
   átomo errante
   que llamamos la tierra.

La «Y»

En los muros ruinosos de la capilla
florece el musgo pero no tanto
como las inscripciones: la selva
de iniciales talladas a navaja en la piedra
que, unida al tiempo, las devora y confunde.

Letras borrosas, torpes, contrahechas.
A veces desahogos e insultos.
Pero invariablemente
las misteriosas iniciales ligadas
por la «Y» griega:
manos que acercan,
piernas que se entrelazan, la conjunción
copulativa, acaso vestigio
de cópulas que fueron, o no se consumaron.
Cómo saberlo.

Porque la «Y» del encuentro también simboliza
los caminos que se bifurcan: E. G.
encontró a F. D. Y se amaron.
¿Fueron «felices para siempre»?
Claro que no, tampoco importa demasiado.

Insisto: se amaron
una semana, un año o medio siglo,
y al fin
la vida los desunió o los separó la muerte
(una de dos sin otra alternativa).

Dure una noche o siete lustros, ningún amor
termina felizmente (se sabe).
Pero aun la separación
no prevalecerá contra lo que juntos tuvieron:

Aunque M. A. haya perdido a T. H.
y P. se quede sin N.,
hubo el amor y ardió un instante y dejó
su humilde huella, aquí entre el musgo
en este libro de piedra.

Malpaís

Malpaís: Terreno árido, desértico e ingrato; sin agua ni vegetación
por lo común cubierto de lava.
    Francisco J. Santamaría: *Diccionario de mejicanismos.*

Ayer el aire se limpió de pronto
y renacieron las montañas
Siglos sin verlas. Demasiado tiempo
sin algo más que la conciencia de que allí están,
    circundándonos.
Caravana de nieve el Iztacíhuatl.
    Cúpula helada
o crisol de lava en la caverna del sueño,
    nuestro Popocatépetl.

Ésta fue la ciudad de las montañas.
Desde cualquier esquina se veían las montañas.
Tan visibles se hallaban que era muy raro
fijarse en ellas. Verdaderamente
nos dimos cuenta de que existían las montañas
cuando el polvo del lago muerto,
los desechos fabriles. la cruel ponzoña
de incesantes millones de vehículos,
    la mierda en átomos
de muchos más millones de explotados,
bajaron el telón irrespirable
    y ya no hubo montañas.
    Contadas veces

se deja contemplar azul y enorme el Ajusco.
Aún reina sobre el valle pero lo están acabando
entre fraccionamientos, taladores y lo que es peor
    incendiarios.
    Por mucho tiempo
lo creímos invulnerable. Ahora sabemos
de nuestra inmensa capacidad destructiva.

Cuando no quede un árbol,
cuando todo sea asfalto y arfixia
o malpaís, terreno pedregoso sin vida,
esta será de nuevo la capital de la muerte.

En ese instante renacerán los volcanes.
Vendrá de lo alto el gran cortejo de lava.
El aire inerte se cubrirá de ceniza.
El mar de fuego lavará la ignominia
y en poco tiempo se hará piedra.
Entre la roca brotará una planta.
Cuando florezca tal vez comience
la nueva vida en el desierto de muerte.

Allí estarán, eternamente invencibles,
astros de ira, soles de lava
indiferentes deidades,
centros de todo en su espantoso silencio,
ejes del mundo, los atroces volcanes.

Crónica mexicáyotl

En otro giro de la procesión
o de la tribu errante que somos,
henos aquí sin nada como al principio.
Sapos y lagartijas nuestro alimento.

Sal nuestra vida, polvo nuestra casa.
Añicos y agujeros en la red,
   nuestra herencia de ruinas.

   Por fin tenemos
   que hacerlo todo a partir
de esta nada que por fin somos.

Indice